I0499186

www.ingramcontent.com/pod-product-compliance
Lightning Source LLC
Chambersburg PA
CBHW070415220526
45466CB00004B/1421
* 9 7 8 1 6 7 6 6 3 3 6 2 4 *